Commentaire

Par Nicolas Cantonnet

Éthique

Préface de la troisième partie sur l'origine et la nature des sentiments

Spinoza

lePetitPhilosophe.fr

SPINOZA

PHILOSOPHE HOLLANDAIS INFLUENCÉ PAR LE RATIONALISME CARTÉSIEN

- **Né en 1632 à Amsterdam**
- **Décédé en 1677 à La Haye**
- **Quelques-unes de ses œuvres :**
    - *Traité théologico-politique* (1670)
    - *Éthique* (1677)
    - *Traité de la réforme de l'entendement* (1677)

Baruch Spinoza est un philosophe juif hollandais qui occupe une place centrale dans l'histoire de la pensée occidentale. Ses **idées « religieusement incorrectes »** lui valent d'être **excommunié et exclu de la communauté juive** d'Amsterdam. Il doit donc s'exiler à Rijnsburg, où il taille et polit des lentilles d'optique. Les textes qu'il publie, comme le *Court Traité sur Dieu*, choquent certaines âmes, au point qu'un juif fanatique aurait tenté de l'assassiner à coups de poignard. Le *Traité théologico-politique*, publié anonymement en 1670, est vite interdit par les autorités religieuses – le philosophe y nie notamment les miracles. Quant à son œuvre majeure, l'*Éthique*, elle ne parait qu'après sa mort, en 1677.

ÉTHIQUE

UNE ŒUVRE QUI A RÉVOLUTIONNÉ LA PENSÉE OCCIDENTALE

L'*Éthique*, publiée en **1677**, a révolutionné l'histoire de la philosophie par ses **idées novatrices**. Spinoza s'oppose à la tradition philosophique en affirmant que **le libre arbitre est une illusion** – même si une autre forme de liberté est possible – et qu'**il est vain de réfréner ses passions et ses désirs**, car « le désir est l'essence de l'homme ». Mais il s'oppose également aux dogmes religieux sur les deux points précités, mais aussi sur d'autres points fondamentaux comme la conception de Dieu : **Spinoza conçoit Dieu comme immanent au monde** (Dieu est le monde) alors que la religion prône un Dieu transcendant, c'est-à-dire en dehors du monde. On parle ainsi de panthéisme : tout est Dieu et vice-versa. Spinoza **nie également les causes finales** : il rejette l'idée illusoire que Dieu agirait en vue d'une fin qu'il chercherait à réaliser.

Au regard de tout cela, on appréhende mieux l'isolement et l'hostilité que le monde religieux a fait subir au philosophe tout au long de sa vie. On comprend également la raison pour laquelle l'*Éthique* a été publiée de manière posthume.

MISE EN CONTEXTE

LE PROBLÈME DU RAPPORT ENTRE L'ÂME ET LE CORPS

Platon

Platon (vers 427-347 av. J.-C.) croit en un **dualisme entre l'âme et le corps**. Pour lui, l'âme et le corps sont distincts l'un de l'autre, si bien que **l'âme, plus puissante et plus noble, peut agir sur le corps**. Le jeu de mots de Platon, comparant le corps (*sôma* en grec) à un tombeau (*sèma*) est resté célèbre : aux yeux du philosophe, le corps est comparable à un tombeau habité par l'âme de manière temporaire et constamment excité par des désirs particuliers qui empêchent l'âme de s'élever vers le monde intelligible ou monde des Idées. Il s'agit dès lors de se libérer de l'emprise du corps, autrement dit de maitriser ses passions, pour accéder à la connaissance et à la sagesse.

BON À SAVOIR

La **théorie des Idées** de Platon oppose deux mondes radicalement différents :

- d'une part le monde sensible, caractérisé par l'instabilité, le changement et le particulier ;
- d'autre part le monde intelligible, dans lequel on trouve les Idées, des essences immuables, parfaites et éternelles qui constituent en quelque sorte les modèles d'après lesquels les objets du

> monde sensible sont formés.

Ce mépris du corps et des passions sera par la suite récurrent chez les philosophes antiques, mais on le retrouve en particulier chez les stoïciens.

Le stoïcisme

Les stoïciens, dans la lignée de Platon, mènent un véritable **combat contre le corps et les passions**. Pour eux, il s'agit de **se libérer de ces dernières au moyen de l'âme, qui est la part divine de l'homme**. Maitriser ses affects, ses sentiments et ses passions est selon eux une simple question de volonté. Comme Platon, les stoïciens opposent donc l'âme et le corps : la première a tendance à élever l'homme quand le second ne fait que le rabaisser.

BON À SAVOIR

Le **stoïcisme** est une école philosophique fondée en 301 av. J.-C. par Zénon de Citium (vers 335-264 av. J.-C.) et qui s'est prolongée jusqu'à l'époque de Marc Aurèle (121-180 apr. J.-C.), au IIe siècle de notre ère. Il s'agit avant tout d'une doctrine morale particulièrement austère selon laquelle le monde est gouverné par le destin, si bien que rien n'arrive par hasard. Tous les évènements étant nécessaires et utiles à l'ordre du monde, il faut les accepter sans s'en plaindre. L'homme est maitre de son jugement et peut, au moyen de l'âme et de la raison, maitriser ses passions.

Descartes

On trouve cette même dualité entre l'âme et le corps chez René Descartes (1596-1650), qui a joué un rôle fondamental dans l'élaboration de la pensée de Spinoza. Pour ce philosophe, en effet, l'âme et le corps correspondent à deux substances différentes : **l'âme est une substance pensante tandis que le corps est une substance étendue**. Toutefois, s'il considère que l'âme est supérieure au corps, tout comme les penseurs antiques, Descartes estime au contraire que la passion en elle-même n'est pas mauvaise. Quant à Spinoza, il considère qu'il n'existe qu'une seule et unique substance : **l'âme et le corps ne sont plus opposés, mais mis en parallèle**. On ne parle donc plus de dualisme, mais de monisme.

En conséquence de cette dualité et de la supériorité de l'âme sur le corps, aux yeux de Descartes, **l'homme est pourvu d'un libre arbitre**, c'est-à-dire qu'il peut agir comme il l'entend, sans se laisser influencer par les circonstances. C'est sa seule volonté qui détermine ses choix. **Spinoza** critiquera cette idée, en expliquant que **le libre arbitre est une illusion**.

SITUATION DE L'EXTRAIT ÉTUDIÉ

L'Éthique se divise en cinq parties et chacune d'elles est centrée sur un thème en particulier :

- la première est axée sur Dieu ;
- la deuxième sur le parallélisme entre l'âme et le corps ;
- la troisième sur les affects et les sentiments ;
- la quatrième sur le rôle que peut jouer la raison sur la vie

affective ;

- la cinquième sur la libération de l'homme et la béatitude.

L'extrait que nous allons étudier est la préface de la troisième partie, intitulée « De l'origine et de la nature des sentiments ». Cette partie propose une théorie des affects de
l'homme. Le passage commenté met quant à lui en évidence
le caractère naturel de l'affectivité humaine et la possibilité
de la soumettre à la raison.

PRÉFACE DE LA TROISIÈME PARTIE SUR L'ORIGINE ET LA NATURE DES SENTIMENTS

La plupart de ceux qui ont parlé des sentiments[1] et des conduites humaines paraissent traiter, non de choses naturelles qui suivent les lois ordinaires de la Nature, mais de choses qui seraient hors Nature. Mieux, on dirait qu'ils conçoivent l'homme dans la Nature comme un empire dans un empire. Car ils croient que l'homme trouble l'ordre de la Nature plutôt qu'il ne le suit, qu'il a sur ses propres actions une puissance absolue et qu'il n'est déterminé que par soi. Et ils attribuent la cause de l'impuissance et de l'inconstance humaines, non à la puissance ordinaire de la Nature, mais à je ne sais quel vice de la nature humaine : et les voilà qui pleurent sur elle, se rient d'elle, la méprisent ou, le plus souvent, lui vouent de la haine ; qui sait avec plus d'éloquence ou de subtilité accabler l'impuissance de l'esprit humain passe pour divin. Sans doute n'a-t-il pas manqué d'hommes éminents (et nous avouons devoir beaucoup à leur labeur, à leur ingéniosité) pour écrire sur la droite conduite de la vie beaucoup de choses excellentes et pour donner aux mortels de sages conseils : mais la nature des sentiments, leur force impulsive et, à l'inverse, le pouvoir modérateur de l'esprit sur eux, personne, à ma connaissance, ne les a déterminés. Je sais bien que le très illustre Descartes, encore qu'il ait cru au pouvoir absolu de l'esprit sur ses actions, a tenté

---

1. D'autres traductions proposent les termes « affects » et « affections ».

l'explication des sentiments humains par leurs causes premières et à montrer en même temps comment l'esprit peut dominer absolument les sentiments ; mais, à mon avis, il n'a rien montré du tout que l'acuité de sa grande intelligence, comme je le démontrerai en son lieu.

Je veux donc revenir à ceux qui préfèrent haïr ou railler les sentiments et les actions des hommes, plutôt que de les comprendre. Sans doute leur paraîtra-t-il extraordinaire que j'entreprenne de traiter des vices et de la futilité des hommes selon la méthode géométrique, que je veuille démontrer par un raisonnement rigoureux (*certa*) ce qu'ils proclament sans cesse contraire (*repugnare*) à la Raison, cela même qu'ils disent vain, absurde et horrifique. Mais voici mon argument (*ratio*). Il ne se produit rien dans la Nature qui puisse lui être attribué comme un vice inhérent ; car la Nature est toujours la même, et partout sa vertu et sa puissance d'action (*agendi*) est une et identique. Ce qui signifie que les lois et les règles de la Nature, suivant lesquelles toute chose est produite et passe d'une forme à une autre, sont partout et toujours les mêmes, et par conséquent il ne peut exister aussi qu'un seul et même moyen de comprendre la nature des choses, quelles qu'elles soient : par les lois et les règles universelles de la Nature.

Voilà pourquoi les sentiments de haine, de colère, d'envie, etc., considérés en eux-mêmes, obéissent à la même nécessité et à la même vertu de la Nature que les autres choses singulières ; et par suite ils admettent des causes rigoureuses (*certas*) qui les font comprendre, et ils ont des propriétés bien définies (*certas*) tout aussi dignes d'être connues que les propriétés d'une quelconque autre chose dont la seule considération nous satisfait. Je traiterai donc de la nature et de la force impulsive des sentiments et de la puissance de l'esprit sur eux selon la même méthode qui m'a précédemment servi en traitant de Dieu et de l'Esprit, et je considérerai les actions et les appétits humains de même que s'il était question de lignes, de plans ou de corps.

SPINOZA (Baruch), *Éthique*, traduction de Roland Caillois, Paris, Gallimard, 2003, p. 179-180.

EXPLICATION ET ANALYSE DU TEXTE

LE DÉTERMINISME OU LA CRITIQUE DU LIBRE ARBITRE

Il existe de nombreux points sur lesquels Spinoza s'est opposé à Descartes. L'un des plus importants est le libre arbitre. Alors que pour Descartes, la volonté de l'homme n'est déterminée que par elle-même, la conception spinoziste est diamétralement opposée. Dans un passage célèbre de la *Lettre à Schuller*, Spinoza prend ainsi, pour illustrer son propos, l'exemple d'une pierre :

> Concevons une chose très simple : une pierre par exemple reçoit d'une cause extérieure qui la pousse, une certaine quantité de mouvements et, l'impulsion de la cause extérieure venant à cesser, elle continuera à se mouvoir nécessairement. [...] Concevez maintenant, si vous voulez bien, que la pierre, tandis qu'elle continue de se mouvoir, pense et sache qu'elle fait effort, autant qu'elle peut, pour se mouvoir. Cette pierre assurément, puisqu'elle a conscience de son effort seulement et qu'elle n'est en aucune façon indifférente, croira qu'elle est très libre et qu'elle ne persévère dans son mouvement que parce qu'elle le veut. Telle est cette liberté humaine que tous se vantent de posséder et qui consiste en cela seul que les hommes ont conscience de leurs appétits et ignorent les causes qui les déterminent. (*Lettre à Schuller*, n° 58)

Le libre arbitre est donc pour Spinoza une illusion. L'homme, comme tout le reste de la nature, est soumis au déterminisme : tout est nécessaire, rien n'est livré au hasard. Nous avons parfois l'impression, lorsque nous nous remémorons certains évènements passés, que nous aurions pu agir d'une façon différente, mais ce n'est qu'illusoire : lorsque nous avons accompli un choix, nous l'avons fait sans être conscients des nombreuses causes qui l'ont déterminé. **L'homme, pas plus que son âme, ne se situe donc au-dessus ou en dehors de la nature.** Il n'est pas « un empire dans un empire » : **il fait partie intégrante de la nature divine et est en ce sens soumis à la nécessité des choses et des évènements**. C'est ce que Spinoza veut mettre en évidence lorsqu'il écrit :

- « La Nature est toujours la même, et partout sa vertu et sa puissance d'action est une et identique » ;
- « Les lois et les règles de la Nature [...] sont partout et toujours les mêmes. »

L'homme n'est qu'une partie d'un tout : il s'insère dans une chaine de causes et d'effets. Il est donc mû par des rapports de causalité qui expliquent son comportement.

L'HOMME ET SES SENTIMENTS

L'incapacité à maitriser ses passions

L'autre révolution spinoziste, qui découle de l'idée selon laquelle « l'homme n'est pas un empire dans un empire », réside dans le fait que **l'homme ne peut maitriser ou réfréner ses sentiments et ses passions**. Là encore, Spinoza s'oppose à Descartes :

- selon ce dernier, l'âme et le corps correspondent à deux

substances différentes : il défend un dualisme où l'âme l'emporte sur le corps ;

- pour Spinoza, au contraire, **il n'existe qu'une seule et unique substance, qui est composée d'une infinité d'attributs**.

De ces attributs, l'homme n'en connait que deux : la pensée et l'étendue. Ainsi, l'âme se situe sur l'attribut « pensée » tandis que le corps existe au travers de l'attribut « étendue ». Il n'y a donc pas d'opposition ou de séparation entre l'âme et le corps, et par conséquent pas non plus de contrôle de l'une sur l'autre. Il existe au contraire un **parallélisme entre l'âme et le corps**.

Cette vision s'oppose à celle de Descartes (pour lequel « l'esprit peut dominer absolument ses sentiments »), mais aussi, plus généralement, à Platon, et encore davantage aux stoïciens, lesquels voyaient l'homme comme une sorte de Dieu miniature qui pouvait, grâce à la divine et toute-puissante nature de l'âme, contrôler ses passions. Lorsque Spinoza écrit que « [l]a plupart de ceux qui ont parlé des sentiments et des conduites humaines paraissent traiter, non de choses naturelles qui suivent les lois ordinaires de la Nature, mais de choses qui seraient hors Nature », c'est donc bien d'eux qu'il s'agit : de ces philosophes qui surestiment le pouvoir de l'âme et qui jugent mal la place de l'homme dans la nature. Penser que l'homme peut parvenir à maitriser ses passions est selon lui une illusion.

L'illusion sur l'origine du sentiment

La deuxième illusion concerne l'origine du sentiment.

Pour reprendre l'extrait de la pierre qui se croit libre, « les hommes ont conscience de leurs appétits et ignorent les causes qui les déterminent ». Ou, comme Spinoza le note dans le texte étudié : « Ils attribuent la cause de l'impuissance et de l'inconstance humaines, non à la puissance ordinaire de la Nature, mais à je ne sais quel vice de la nature humaine. » Ainsi, **l'homme pense être la cause de ses affects, mais il n'en est rien**. Il est conscient de ses passions, les ressent et pense en être à l'origine, mais c'est une erreur d'appréciation. **Les sentiments relèvent en effet des « lois ordinaires de la nature »** et non « de choses qui seraient hors Nature ».

Le désir comme puissance

Les sentiments sont naturels car **ils ont pour origine le désir** (Spinoza explique plus loin dans cette même troisième partie de l'*Éthique* que « le désir est l'essence même de l'homme »). Ce désir **découle lui-même du *conatus***, avec lequel l'homme, comme tous les éléments de la nature, doit composer. Il s'agit d'**une sorte d'instinct de conservation qui incite l'homme à chercher à durer et à persévérer dans son être**.

Il est à noter que le désir, qui est donc fondamental et irrépressible, n'est pas considéré comme une faiblesse. Là encore, Spinoza s'oppose à la tradition philosophique – notamment à Platon, qui considérait le désir comme un manque – et va même plus loin en affirmant que le désir est puissance : il ne vise en effet rien d'autre que l'épanouissement le plus complet de la puissance d'agir de l'homme. Il ne s'agit donc pas de mener une vie ascétique et de vaincre

le désir, mais au contraire de le satisfaire. Cela a pour conséquence que **l'homme est enclin à chercher la joie et non
la tristesse** :

- la joie (qui correspond à la satisfaction du désir) est « le
  passage de l'homme d'une moindre à une plus grande
  perfection » ;
- au contraire, la tristesse (non-satisfaction du désir) est
  « le passage de l'homme d'une plus grande à une moindre
  perfection ».

LA « MÉTHODE GÉOMÉTRIQUE »

Lorsque Spinoza annonce qu'il va employer, pour traiter
des sentiments, sa « méthode géométrique », il anticipe
les critiques que ses détracteurs ne manqueront pas de lui
adresser : « Sans doute leur paraîtra-t-il extraordinaire que
j'entreprenne de traiter des vices et de la futilité des hommes
selon la méthode géométrique, que je veuille démontrer par
un raisonnement rigoureux ce qu'ils proclament sans cesse
contraire à la Raison. »

Il est important de noter que l'*Éthique* n'est en fait qu'une
abréviation, le titre exact étant l'*Éthique* démontrée selon
la méthode géométrique. **La forme de l'ensemble de l'ou-
vrage**, inspirée d'Euclide (IIIe siècle av. J.-C.), est en effet **très
scientifique** : on y trouve des définitions, des explications,
des propositions, des axiomes, mais aussi des scolies et des
corolaires. Cette troisième partie, même si elle est consa-
crée aux sentiments, ne fait pas exception. Spinoza choisit
la même méthode qu'il a utilisée pour traiter de Dieu, de la

relation entre l'âme et le corps et de tous les thèmes étudiés dans cette œuvre : « Je traiterai donc de la nature et de la force impulsive des sentiments et de la puissance de l'esprit sur eux selon la même méthode qui m'a précédemment servi en traitant de Dieu et de l'Esprit, et je considérerai les actions et les appétits humains de même que s'il était question de lignes, de plans ou de corps. »

L'amour et la haine sont ainsi respectivement définis comme « la joie accompagnée de l'idée d'une cause extérieure » et « la tristesse accompagnée de l'idée d'une cause extérieure ». Spinoza emploie cette méthode pour mettre l'accent sur le fait que **les sentiments « obéissent à la même nécessité et à la même vertu de la Nature que les autres choses singulières »**. L'objectif de la méthode géométrique est donc de **rejeter l'attitude moralisante à l'égard des sentiments** : « Je veux donc revenir à ceux qui préfèrent haïr ou railler les sentiments et les actions des hommes, plutôt que de les comprendre. » **Il ne s'agit donc pas de les juger**, mais de les étudier, de les analyser, de les expliquer et **de les comprendre**.

Un autre objectif de cette méthode consiste à mettre en évidence le fait que **les sentiments ne sont pas forcément incompatibles avec « la Raison »**. La « solution » de Spinoza, qu'il traitera plus loin dans L'Éthique, consistera non à réfréner les sentiments et passions (puisque cela est impossible), mais à les rationaliser.

CONCLUSION

Il s'agit d'un texte où **Spinoza chasse les illusions de l'homme sur le libre arbitre et sa supposée capacité à maitriser ses passions**. Cela dit, **ni l'une ni l'autre de ces illusions ne peuvent l'empêcher de devenir libre au sens spinoziste du terme**. On peut à ce titre établir un parallèle avec Socrate (470-399 av. J.-C.). Le philosophe grec expliquait que le fait de prendre conscience que l'on ne savait rien était la première étape vers la connaissance. **Pour Spinoza, il en va de même avec la liberté : le fait de prendre conscience de ne pas être libre (au sens du libre arbitre) constitue la première étape vers la liberté spinoziste**, qui consiste d'abord à comprendre la nécessité et accepter la finitude de l'homme.

<u>BON À SAVOIR</u>

Il est ici besoin d'apporter une précision pour éviter toute ambigüité. Dans certaines études sur Spinoza, on peut lire que ce philosophe ne condamnait pas les passions. Dans d'autres, on lit en revanche que Spinoza cherchait à éviter les passions. Cette contradiction n'en est en réalité pas une, car le terme « passion » n'a pas le même sens dans les deux cas. Lorsque l'on dit que Spinoza ne condamne pas les passions, il s'agit des passions *au sens classique*, c'est-à-dire, schématiquement, les sentiments. Lorsque l'on dit en revanche que Spinoza cherche à fuir les passions, il s'agit des passions *au sens spinoziste*, qui sont synonymes de passivité – la passion passera à l'action (ou, si l'on préfère, la passivité passera à l'activité) au moyen de la connaissance rationnelle, expliquera le philosophe plus loin dans l'*Éthique*. Dans ce commentaire de texte, le terme « passion » que nous avons employé renvoie à la première définition du terme, c'est-à-dire à son acception la plus commune.

Votre avis nous intéresse !
Laissez un commentaire sur le site de votre librairie en ligne
et partagez vos coups de cœur sur les réseaux sociaux !

POUR ALLER PLUS LOIN

- DUPOUEY (Patrick), *Éthique. Appendices aux parties 1 et 4*, Paris, Nathan, 2005.
- HERSCH (Jeanne), *L'Étonnement philosophique*, Paris, Gallimard, 1993.
- SCRUTON (Roger), *Spinoza*, Paris, Seuil, 2000.
- SPINOZA (Baruch), *Éthique*, traduction de Roland Caillois, Paris, Gallimard, 2003.

Rendez-vous sur lepetitphilosophe.fr et découvrez :

Plus de 1200 analyses
Claires et synthétiques
Téléchargeables en 30 secondes
À imprimer chez soi

www.lepetitphilosophe.fr

ISBN version numérique : 978-2-8062-4558-8
ISBN version papier : 978-2-8080-0118-2
Dépôt légal : D/2017/12603/502

Conception numérique : Primento,
le partenaire numérique des éditeurs.

Made in the USA
Monee, IL
07 July 2026